Reinhard Mußgnug

Wem gehört Nofretete?

SCHRIFTENREIHE
DER JURISTISCHEN GESELLSCHAFT e.V.
BERLIN

Heft 52

W
DE
G

1977

DE GRUYTER · BERLIN · NEW YORK

Wem gehört Nofretete?

Anmerkungen zu dem deutsch-deutschen Streit um den ehemals preußischen Kulturbesitz

Von

Reinhard Mußgnug

Vortrag
gehalten vor der
Berliner Juristischen Gesellschaft
am 1. Dezember 1976

W
DE
G

1977

DE GRUYTER · BERLIN · NEW YORK

Dr. *Reinhard Mußgnug*
o. Prof. für öffentliches Recht und Verfassungsgeschichte der
Neuzeit an der Universität Mannheim;
Richter im Nebenamt am Verwaltungsgerichtshof
Baden-Württemberg.

CIP-Kurztitelaufnahme der Deutschen Bibliothek

Mussgnug, Reinhard
Wem gehört Nofretete? : Anm. zu d. dt.-dt. Streit
um d. ehemals preuss. Kulturbesitz ; Vortrag gehalten vor d. Berliner Jurist. Ges. am 1. Dezember 1976. — 1. Aufl. — Berlin, New York : de
Gruyter, 1977.

(Schriftenreihe der Juristischen Gesellschaft
e. V. Berlin ; H. 52)
ISBN 3-11-007306-4

Satz und Druck: Saladruck, 1000 Berlin 36
Buchbinderarbeiten: Berliner Buchbinderei Wübben & Co., 1000 Berlin 42

Prof. Dr. Otto von Simson
in Verehrung und Verbundenheit

I.

1. „Wem gehört Nofretete?" Diese Frage wird für Berliner Ohren gewiß befremdlich klingen. In Berlin weiß schließlich jedes Kind und erst recht jeder Taxifahrer, daß Nofretete, wenn nicht Berlin, so jedenfalls *nach* Berlin gehört, genauer nach Charlottenburg in das Ägyptische Museum der Stiftung „Preußischer Kulturbesitz". Dort hat sie nach den Irrfahrten, die sie während des Zweiten Weltkriegs zunächst in das bombensichere Bergwerk Kaiseroda in Thüringen und nach Kriegsende über Wiesbaden nach Dahlem führten, eine neue Heimstätte gefunden. Sie ist zwar mit ihrem alten Standort auf der Museumsinsel im heutigen Ost-Berlin nicht identisch. Aber das stört die West-Berliner nicht. Denn Nofretete ist nicht die einzige Bürgerin Berlins, die es nach dem Kriege vom Osten in den Westen der Stadt verschlagen hat. Sie ist daher auch in Charlottenburg ein Teil dessen geblieben, was die „Berliner Luft" ausmacht. Nofretete gehört eben zu Berlin wie der Kurfürstendamm und die Mauer, das KaDeWe und die Philharmonie, der Zoo und die FU, das Bundesverwaltungsgericht und die Berliner Juristische Gesellschaft.

Selbst den Juristen, die alles gerne ein wenig komplizierter sehen als ihre Mitmenschen, bereitet Nofretete in bemerkenswertem Unterschied zu manchen anderen Damen kein allzu heftiges Kopfzerbrechen. Mit einer Antwort, die auf die Frage, *wem* Nofretete gehört, nur sagt, *wo* sie hingehört, können sie sich zwar nicht ganz zufrieden geben. Aber auch der subtileren juristischen Neugier ist abgeholfen worden. Dafür hat der Bundesgesetzgeber mit dem „*Gesetz zur Errichtung einer Stiftung ,Preußischer Kulturbesitz' und zur Übertragung von Vermögenswerten des ehemaligen Landes Preußen auf die Stiftung*" vom 25. Juli 1957[1] gesorgt. Dieses Gesetz hat eine etwas bewegte Entstehungsgeschichte durchlaufen müssen. Aber das Bundesverfassungsgericht hat sie 1959 zu einem guten Abschluß gebracht[2]. Es konnte weder an der Stiftung „Preußischer Kultur-

---

[1] BGBl. I, S. 841.
[2] Durch Urteil vom 14. 7. 1959, BVerfGE 10, S. 20 ff. Dort auch auf S. 21—25 näheres über die Vorgeschichte des Gesetzes von 1957; das Schicksal des preußischen Kulturbesitzes in der Zeit nach dem Zweiten Weltkrieg ist ferner beschrieben bei *Gussone* im Jahrbuch der Stiftung „Preußischer Kulturbesitz", Bd. 1 (1963), S. 79 ff.

besitz" noch daran etwas Verfassungswidriges finden, daß der Bund das Eigentum an den ehemals preußischen Kunstschätzen ihr zugewiesen hat, anstatt es den Ländern Baden-Württemberg, Berlin, Hessen und Niedersachsen zu belassen, die sich ebenfalls Hoffnungen darauf gemacht hatten.

Damit steht auch für Juristen außer Frage, wem Nofretete gehört. Sie stand früher im Eigentum des preußischen Staates. Daher ist sie mit dem Inkrafttreten des Gesetzes vom 25. Juli 1957 in das Eigentum der Stiftung „Preußischer Kulturbesitz" übergegangen. So sagt es dieses Gesetz in seinem § 2 Abs. 1. Er lautet:

> „Eigentum und sonstige Vermögenswerte des ehemaligen Landes Preußen, die sich auf Gegenstände erstrecken, welche bis zum 9. Mai 1945 im Amtsbereich des Reichs- und Preußischen Ministers für Wissenschaft, Erziehung und Volksbildung oder im Amtsbereich des Preußischen Ministerpräsidenten verwaltet wurden, gehen mit dem Inkrafttreten dieses Gesetzes auf die Stiftung über, soweit es sich handelt
>
> 1. um Kulturgüter; hierzu gehören insbesondere Archiv-, Bibliotheks-, Museumsbestände und sonstige Kunstsammlungen oder wissenschaftliche Sammlungen einschließlich Inventar;
>
> 2. um Grundstücke, die überwiegend zur Unterbringung dieser Kulturgüter bestimmt waren oder dienten."

Diese Vorschrift hat der Stiftung „Preußischer Kulturbesitz" das denkbar sicherste Eigentumsrecht verliehen. Denn es beruht anders als das gewöhnliche bürgerlich-rechtliche Eigentum nicht auf einem Erwerb durch Rechtsgeschäft oder Erbfolge, sondern unmittelbar auf einem förmlichen Gesetz, noch dazu auf einem solchen, das vom Bundesverfassungsgericht eingehend geprüft und mit der Bundesverfassungsgerichtsurteilen eigenen[3] allgemein verbindlichen Kraft für unanfechtbar erklärt worden ist. An diesem Gesetz kommt niemand vorbei, der Nofretete für sich reklamieren möchte. Denn es hat die Stiftung nicht nur zur Eigentümerin des ehemals preußischen Kulturbesitzes gemacht, sondern sie in seinem § 3 Abs. 1 darüber hinaus auch verpflichtet:

---

[3] Vgl. § 31 BVerfGG.

„die ihr übertragenen preußischen Kulturgüter für das deutsche Volk zu bewahren, zu pflegen und zu ergänzen".

Von einer Auslieferung des Stiftungseigentums an Dritte dagegen ist in dem Gesetz von 1957 keine Rede. Sie wäre daher gesetzwidrig. Aus diesem Grunde darf die Stiftung lediglich in begrenztem Umfang Tausch- und Verkaufsgeschäfte abschließen, die zur sinnvollen Arrondierung ihrer Bestände beitragen. Von ihren prominenteren Schätzen aber kann sie sich nicht trennen. Diese sind *res extra commercium*, die aus ihrer gesetzlichen Zweckbestimmung als Museumsgut und ihrer vermögensrechtlichen Anbindung an die Stiftung, wenn überhaupt, so nur dann entlassen werden dürfen, wenn die Rechtslage dies eindeutig gebietet, oder wenn ein rechtskräftiges, auf dem Instanzenweg hinreichend überprüftes Gerichtsurteil dazu zwingt.

Wer Nofretete für sich beansprucht, ohne der Stiftung das Eigentum bestreiten zu können[4], muß daher den Bundesgesetzgeber um eine entsprechende Änderung des Gesetzes vom 25. Juli 1957 bitten. Die Stiftung „Preußischer Kulturbesitz" dagegen wäre für ihn die falsche Adresse. Denn die Verfügungsgewalt über ihre Sammlungen liegt nicht bei ihr, sondern allein beim Bundestag. Am Bundestag führt kein Weg vorbei, wenn das Eigentum am vormals preußischen Kulturbesitz neu verteilt werden soll. Eine solche Neuverteilung aber steht für die Bundesrepublik nicht zur Diskussion. Für die Bundesrepublik ist die Nachlaßauseinandersetzung um die kulturellen Hinterlassenschaften des Landes Preußen vorerst abgeschlossen. Denn das Gesetz von 1957 gilt, wie sein § 3 Abs. 1 ausdrücklich sagt, *„bis*

---

[4] In der „Welt" (Berliner Ausgabe) vom 9. 1. 1973 wurde darüber berichtet, daß das Eigentum der Stiftung von den Erben von *James Simon* angezweifelt werde. *James Simon* hatte die Grabungen *Rudolf Borchardts* finanziert, bei denen Nofretete 1912 in Amarna aufgefunden wurde. *Borchardt* übergab seinen Fund vereinbarungsgemäß *James Simon*. Dieser hat Nofretete später der Ägyptischen Abteilung der Staatlichen Museen Preußens zur Verfügung gestellt. Dem Bericht der „Welt" zufolge soll das aber nur in der Form einer mit verschiedenen Bedingungen verknüpften Dauerleihgabe geschehen sein. Dem hat jedoch der Präsident der Stiftung „Preußischer Kulturbesitz" in der „Welt" vom 10. 1. 1973 widersprochen. Der in London ansässige Enkel von *James Simon* hat mir mitgeteilt, daß der Bericht der „Welt" und auch die Schilderungen von *Vandenberg*, Nofretete, 1976, S. 70 ff., fälschliche Darstellungen enthalten, die nicht den Tatsachen entsprechen; er warte auf die Gelegenheit, den korrekten Sachverhalt anhand der authentischen Unterlagen zu publizieren, die sich in seinem Besitz befinden.

zu einer Neuregelung nach der Wiedervereinigung". Erst dann wird die Zeit für ein Wiederaufgreifen der Frage nach dem Eigentum am preußischen Kulturbesitz aufs neue reif werden. Bis dahin indessen bleiben die Akten über den Nachlaß Preußens geschlossen.

2. Das alles sieht die DDR jedoch anders. Sie will sich im Unterschied zur Bundesrepublik nicht mit ihrem Anteil an den Kunstschätzen der früheren preußischen Museen begnügen, die sie bei ihrer Gründung in ihrem Hoheitsgebiet vorfand. Sie berühmt sich vielmehr eines Anspruchs auf sämtliche Kulturgüter, die im Zuge der Kriegsereignisse aus dem Osten Deutschlands in den Westen gelangt und so der Bundesrepublik zugefallen sind. Die DDR will von der Bundesrepublik also nicht nur Nofretete, sondern darüber hinaus das gesamte Museumsgut ausgeliefert bekommen, das sich bis zum Zweiten Weltkrieg in den Teilen Preußens und Berlin befand, die heute zu ihrem Territorium bzw. zu Ost-Berlin gehören. Neben Nofretete fordert sie daher 3216 weitere ägyptische Objekte, 2000 griechische Vasen, 5558 Gemälde, darunter 21 Werke Rembrandts, 115 Zeichnungen Albrecht Dürers, 5 Bilder Caspar David Friedrichs und — wie es das „Neue Deutschland" in einem Leitartikel vom 28./29. Juni 1975[5] pauschal sagte — noch von „vielem mehr". Es geht also u. a. auch um Rembrandts „Mann mit dem Goldhelm"[6], Caspar David Friedrichs „Hafen von Greifswald" und überhaupt um viele der kostbarsten Spitzenwerke der Gemäldegalerie in Dahlem, der Nationalgalerie an der Potsdamer Straße und der Charlottenburger Museen. Sie alle sollen nach Auffassung der DDR ihr zustehen.

Mit dieser Behauptung wendet sich die DDR nicht nur an die Bundesrepublik. Auch auf internationaler Ebene ist sie bereits mit entsprechenden Erklärungen hervorgetreten, zuletzt z. B. in Paris, wo im Spätjahr 1976 in den Tuilerien eine vielbeachtete Ausstellung deutscher Romantiker eröffnet wurde, zu

---

[5] Vgl. dazu den Bericht des „Stern" vom 10. 7. 1975, dessen Zahlenangaben freilich weder richtig noch vollständig sind. Die DDR erhebt keinen bezifferten, auf einzelne Objekte konkretisierten Anspruch. Ihre Forderung richtet sich pauschal auf alle aus ihrem Gebiet und aus Ost-Berlin in den Westen verbrachten Kulturgüter Preußens.

[6] Der freilich nie preußisches Eigentum war, sondern dem Kaiser-Friedrich-Museums-Verein gehört und daher in der Liste der Kunstwerke, die die DDR für sich begehrt, nichts verloren hat.

der neben Leningrad, Moskau, Wien und Kopenhagen auch Museen der DDR und die Stiftung „Preußischer Kulturbesitz" Leihgaben beigesteuert haben. Das hat die DDR zum Anlaß genommen, zu erklären, daß sieben der gegenwärtig in Paris ausgestellten Werke „aus dem ehemaligen preußischen Kulturbesitz rechtmäßig ihr gehören", um auf diese Weise klarzustellen, daß ihre Beteiligung an der Ausstellung „keinen Verzicht auf ihren Rechtsanspruch" bedeute[7].

Müßte West-Berlin die Museumsschätze wirklich abtreten, die Ost-Berlin für sich reklamiert, so würde es durch diesen Verlust an einem der Punkte getroffen, die seine Geltung als freie Stadt und Zentrum des deutschen Kulturlebens ausmachen. Um so mehr ist die DDR natürlich daran interessiert, West-Berlin diesen Verlust zuzufügen. Er würde das Ansehen West-Berlins schmälern und zugleich das Prestige Ost-Berlins heben. Darin liegt so denn auch die politische Räson der Ost-Berliner Forderungen.

Den Verfechtern dieser Forderungen scheint allerdings klar zu sein, daß es für jeden unbefangenen Betrachter hypertroph wirken muß, Kunstwerke von derart beträchtlichem ideellen und materiellem Wert, die der DDR nie gehört und sich auch nie in ihrem Besitz befunden haben, kurzerhand für sich zu beanspruchen. Deshalb ist die DDR bei politischen Postulaten nicht stehengeblieben. Sie gibt sich große Mühe, ihre Wünsche auch juristisch zu begründen. Gerade das aber bereitet ihr beträchtliche Schwierigkeiten. Denn die preußischen Museumsschätze sind auf legalem Wege nach West-Berlin gekommen. Als sie von ihren alten Standorten ausgelagert wurden, existierte die DDR noch nicht. Der preußische Kulturbesitz ist auch keineswegs deshalb in den Westen verbracht worden, um ihn der DDR *vorzuenthalten*. Seine Auslagerung verfolgte allein den Zweck, ihn für Preußen zu *erhalten*. Das hat der Untergang Preußens zwar vereitelt. Aber Preußen hat Rechtsnachfolger gefunden. Die Verteilung seines territorialen, staats- und vermögensrechtlichen Erbes ist auch keineswegs ungeregelt geblieben. Die alliierten Besatzungsmächte haben über sie Bestimmungen getroffen, auf die noch eingehender zurückzukommen sein wird[8]. Diese Vorschriften sind für alle Beteiligten

---

[7] So der Bericht der FAZ vom 27. 10. 1976.
[8] S. u. S. 21 ff.

verbindlich. Auch der Grundvertrag zwischen der Bundesrepublik und der DDR vom 21. Dezember 1972[9] hat sie unberührt
in Geltung belassen. Denn er stellt in seinem Art. 6 klar, daß
sich

> „die Hoheitsgewalt jedes der beiden (deutschen) Staaten auf
> sein Staatsgebiet beschränkt".

Für Herausgabeansprüche, die sich über die Demarkationslinie zwischen den beiden deutschen Staaten hinwegsetzen, liefert er daher keine Grundlage. Bei seiner Unterzeichnung wurde
das auch in einem Protokollvermerk[10] ausdrücklich festgehalten.
Er besagt, daß die unterschiedlichen Rechtsmeinungen beider
Vertragspartner *„über Vermögensfragen"* durch den Grundvertrag *„nicht geregelt"* werden sollten.

Wie es unter diesen Umständen angehen soll, nach inzwischen
fast 30 Jahren gleichwohl in eine Erbauseinandersetzung um
den längst abgewickelten preußischen Nachlaß einzutreten,
liegt im Dunkeln. Dies gilt um so mehr, als es die DDR bislang
stets weit von sich gewiesen hat, sich mit der Bundesrepublik
in die Rechtsnachfolge Preußens zu teilen. Denn ihr Selbstver-
ständnis beruht auf der festen Überzeugung, mit Preußen durch
keine noch so vage Kontinuität verbunden zu sein. Zwar kann
die DDR nicht leugnen, preußisches Gebiet mitsamt dem dort
belegenen beweglichen und unbeweglichen preußischen Vermögen übernommen zu haben. Aber damit hat sie nach ihren eigenen Bekundungen keine Rechtsnachfolge antreten, sondern nur
das staatsrechtliche Vakuum auffüllen wollen, das Preußen
nach seinem Untergang in dem bis dahin von ihm verwalteten
Territorium hinterlassen hat. Das reicht aus, die Gebietshoheit
zu erklären, die die DDR über die ihr zugefallenen Teile
Preußens ausübt. Auch die Haftung für die von Preußen hinter-
lassenen Schulden kann die DDR mit dieser Begründung zwar
nicht gerade überzeugend, aber wenigstens ohne offenen Wider-
spruch mit ihren eigenen Grundthesen von sich weisen. Ansprüche auf vormals preußische, jedoch außerhalb des Hoheits-
gebietes der DDR belegene Vermögenswerte zu erheben, ohne
sich zur Rechtsnachfolge Preußens zu bekennen, bleibt jedoch
ein juristisches Kunststück, gegen das selbst die Quadratur der
Ellipse zum Kinderspiel verblaßt.

---

[9] BGBl. II, 1973, S. 423.
[10] BGBl. II, 1973, S. 426.

II.

1. Dieses Kunststück will die DDR mit Hilfe der „Haager Konvention zum Schutz von Kulturgut bei bewaffneten Konflikten"[11] meistern, die von der Bundesrepublik 1954 zusammen mit 85 anderen Staaten aus aller Welt unterzeichnet und 1967 ratifiziert worden ist. Auch die DDR ist dieser Konvention beigetreten. Sie gehört zwar nicht zu den Unterzeichnern, die sie 1954 ausgehandelt haben, hat sich ihr aber sieben Jahre nach der Bundesrepublik am 16. Januar 1974 angeschlossen[12].

Die Konvention will Kulturdenkmäler und Kunstwerke vor kriegsbedingter Zerstörung, Beschädigung, Beschlagnahme und Plünderung schützen. Ihr eigentliches Ziel liegt daher weitab von den Rechtsfragen, um die es bei dem deutsch-deutschen Streit um den preußischen Kulturbesitz geht. Denn es gibt keine Kampfhandlungen, die das preußische Kulturerbe gefährden könnten. Es ist lediglich umstritten, ob es der Bundesrepublik zusteht, oder ob es an die DDR herauszugeben ist. Für derartige Meinungsverschiedenheiten um das Eigentum an Kunstwerken gibt die Konvention nichts her. Sie nimmt das Kulturgut als solches in ihren Schutz, ohne sich um die an ihm bestehenden Eigentumsverhältnisse zu kümmern. Das sagt die Präambel der Konvention mit unmißverständlicher Deutlichkeit. Sie bezeichnet das Kulturgut als das *„Erbe der gesamten Menschheit"*, das des internationalen Schutzes bedarf, *„gleichgültig welchem Volke es gehört"*.

Aus diesem Grunde ist es abwegig, in der Konvention nach Musterlösungen für internationale Streitigkeiten um das Eigentum an Kunstwerken zu suchen. Ihre Vorschriften helfen nur dann weiter, wenn im Zusammenhang mit bewaffneten Konflikten Kunstwerke geraubt worden sind. Als die staatlichen Museen Preußens ihre Sammlungen aus dem vom Bombenkrieg bedrohten Berlin in Sicherheit brachten, haben sie jedoch niemanden beraubt, insbesondere nicht die DDR, die es damals noch gar nicht gab. Sie haben ganz im Gegenteil in Ausübung ihrer Befugnisse als rechtmäßige Eigentümer ihrer Sammlungen gehandelt. Auch die westlichen Alliierten haben den preußischen

---

[11] BGBl. II, 1967, S. 1233.
[12] Vgl. die Bekanntmachung vom 18. 9. 1974 im Gesetzblatt der DDR, Teil II, S. 514.

Kulturbesitz als rechtmäßige Träger der Gebietshoheit über die von ihnen besetzten Teile des Deutschen Reichs in Verwahrung genommen und sie in vollem Einklang mit den allgemeinen Regeln des Völkerrechts und den Bestimmungen des Kontrollrats verwaltet. Auch ihnen ist daher kein rechtswidriger Kunstraub vorzuwerfen, ebensowenig den westdeutschen Ländern, die den Preußischen Kulturbesitz von den für sie zuständigen Militärregierungen übernommen und ihn an die Bundesrepublik und die Stiftung „Preußischer Kulturbesitz" weitergegeben haben.

2. Das scheint auch der DDR klar zu sein. Sie glaubt jedoch offensichtlich, sich auf ein Protokoll berufen zu können, das 1954 zusätzlich zu der Konvention vereinbart und gesondert zur Unterzeichnung ausgelegt worden ist[13]. Dieses Protokoll haben zwar nicht alle Unterzeichner der Konvention mitunterzeichnet. Die Bundesrepublik und die DDR aber haben es in ihre Ratifikationserklärungen miteinbezogen. Es gilt daher für beide deutschen Staaten in gleicher Weise.

Mit der Ratifikation dieses Protokolls hat sich die Bundesrepublik freilich mit Sicherheit nicht zur Herausgabe des „Preußischen Kulturbesitzes" an die DDR verpflichten wollen. Mit seiner Ziffer II/5 hat sie aber eine Vorschrift anerkannt, die immerhin besagt:

> „Kulturgut aus dem Gebiet einer Hohen Vertragspartei, das von dieser in dem Gebiet einer anderen Hohen Vertragspartei deponiert wurde, um es gegen die Gefahren eines bewaffneten Konflikts zu schützen, ist von dieser nach Beendigung der Feindseligkeiten an die zuständige Behörde des Herkunftsgebiets zurückzugeben."

Damit sieht das Protokoll einen Rückgabeanspruch vor, der nicht nur den *Staaten* als solchen zusteht, die Kunstwerke in Sicherheit gebracht haben, sondern ganz generell das *„Herkunftsgebiet"* begünstigt, aus dem sie ausgelagert worden sind. Wechselt dieses Herkunftsgebiet seine Staatszugehörigkeit, so sollen daher zugleich mit der Gebietshoheit auch alle Ansprüche auf Rückgabe seiner sichergestellten Kunstschätze von dem früheren auf den neuen Träger dieses Gebiets übergehen. Das

---

[13] BGBl. II, 1967, S. 1301.

scheint auf den ersten Blick genau das zu sein, was die DDR zur Begründung ihrer Herausgabeansprüche braucht. Auch sie ist zwar nicht der *Staat*, der das preußische Kulturgut ausgelagert hat. Aber sie hat das *Herkunftsgebiet* übernommen, in dem die umstrittenen Kunstwerke vor ihrer Sicherstellung belegen waren.

Nimmt man das Protokoll freilich etwas genauer unter die Lupe, so erweist sich rasch, daß es sich für den deutsch-deutschen Streit um den preußischen Kulturbesitz entgegen dem ersten Anschein ebensowenig ausschlachten läßt wie die Konvention selbst, zu deren Ergänzung es vereinbart wurde.

a) Die DDR übersieht vor allem, daß das Protokoll nur solche Kulturgüter erfaßt, die *nach seinem Inkrafttreten* ausgelagert worden sind. Die preußischen Sammlungen aber sind lange *vor seiner Ratifikation* durch die beiden deutschen Staaten in Sicherheit gebracht worden. Für sie könnte das Protokoll also nur gelten, wenn es *rückwirkende Kraft* besitzen würde. Seine Unterzeichner wollten sich jedoch nur mit *Wirkung für die Zukunft* binden. Das besagt das Protokoll mit unmißverständlicher Eindeutigkeit in seiner Ziffer III/10 b, nach der es für die einzelnen Unterzeichnerstaaten jeweils erst „drei Monate nach Hinterlegung ihrer Ratifikations- oder Beitrittsurkunde" in Kraft treten soll.

Die Bundesrepublik ist daher an den neuartigen Vindikationsanspruch des Herkunftsgebiets nur insoweit gebunden, als es um Kunstschätze geht, die von 1967 an bei ihr deponiert worden sind oder künftig noch bei ihr deponiert werden. Gegenüber der DDR liegt der entscheidende Stichtag sogar noch 7 Jahre später, weil für sie das Protokoll von 1954 erst am 16. April 1974 wirksam geworden ist. Kunstschätze, die vor diesem Termin aus dem Gebiet der DDR in die Bundesrepublik oder ein anderes Land verbracht worden sind, werden daher von dem vom Nachweis des Eigentums unabhängigen Vindikationsanspruch des Herkunftsgebiets nicht erfaßt. Die DDR kann deshalb ihre Herausgabe nur dann fordern, wenn sie ihren Anspruch auf andere, außerhalb des Protokolls geregelte privat- oder völkerrechtliche Anspruchsgrundlagen stützen kann.

b) Das bestätigt auch der Wortlaut, mit dem das Protokoll den Vindikationsanspruch des Herkunftsgebiets geregelt hat.

Es lohnt sich, ihn genauer zu lesen. Die Ziffer II/5 des Protokolls sagt nämlich keineswegs, daß sämtliche Kunstschätze, die irgendwann einmal wegen eines bewaffneten Konflikts an einen sicheren Ort verbracht worden und dort verblieben sind, wieder in ihr Herkunftsgebiet zurückgeschickt werden müßten, sobald dessen Regierung die Konvention und das Protokoll von 1954 ratifiziert. Das würde den Reklamationen keine vernünftigen Grenzen ziehen. Selbst die Kunstraube des Dreißigjährigen Krieges stünden dann erneut zur Diskussion. Schweden müßte herausgeben, was die Truppen *Gustav Adolfs* von ihren Feldzügen aus Deutschland mit nach Hause gebracht haben. England hätte mit Ansprüchen seiner früheren Kolonien zu rechnen. Sogar der Vatikan wäre betroffen. Er müßte die Bibliotheca Palatina nach Heidelberg zurückgeben. Denn Heidelberg ist ihr Herkunftsgebiet. *Tilly* hat sie dort während des Dreißigjährigen Krieges in seinen Besitz genommen und sie über den Herzog von Bayern nach Rom weitergeleitet. Aber so tief will das Protokoll von 1954 natürlich nicht in die Vergangenheit zurückgreifen. Denn seine Unterzeichner haben mit ihm keinen Selbstbedienungsladen eröffnen wollen, in dem die Hinterlegung einer Beitrittsurkunde genügt, um kostenlos auf die Kunstsammlungen der übrigen Unterzeichnerstaaten zugreifen und heimholen zu können, was diese vor Jahrzehnten oder gar Jahrhunderten aus fremden Ländern erworben und zum durch Zeitablauf sanktionierten Bestandteil ihrer nationalen Kultureinrichtungen erhoben haben. Gerade um das auszuschließen, schreibt das Protokoll von 1954 die Rückgabe an das Herkunftsgebiet nur für den Fall vor, daß

„Kulturgut aus dem Gebiet einer Hohen Vertragspartei *von dieser* bei *einer anderen Hohen Vertragspartei* deponiert wurde".

Damit setzt das Protokoll zweierlei voraus. Es muß Kulturgut

1. von einer Vertragspartei ausgelagert und

2. in das Gebiet einer anderen Vertragspartei verbracht worden sein.

Die ehemals preußischen Sammlungen aber sind weder von einer *Vertragspartei* ausgelagert, noch in dem Gebiet einer *anderen Vertragspartei* eingelagert worden. Sie wurden von den

Behörden Preußens sichergestellt, das nicht zu den Unterzeichnern des Protokolls gehört. Außerdem haben sie das Hoheitsgebiet des Deutschen Reiches nie verlassen. Sie sind vielmehr stets innerhalb der Grenzen Deutschlands verblieben. Selbst diejenigen Objekte, die von den amerikanischen Truppen bei der Räumung Thüringens in ihre Besatzungszone mitgenommen worden sind, sind dabei nicht in das Gebiet einer *anderen Vertragspartei* gekommen. Denn auch sie haben keine inter*nationale* Grenze, sondern nur die inter*lokale* Demarkationslinie zwischen den drei westlichen und der sowjetischen Besatzungszone überschritten. Für solche internen Sicherstellungen aber gilt das Protokoll nicht. Es erfaßt nur die *grenzüberschreitenden* Auslagerungen, bei denen sowohl auf der Seite der auslagernden wie auf der der aufnehmenden Partei zwei voneinander getrennte, völkerrechtlich selbständige, souveräne Staaten stehen. An der Auslagerung der preußischen Sammlungen indessen wirkten auf beiden Seiten lediglich unselbständige Teile Deutschlands mit, das damals von den alliierten Siegermächten noch als fortbestehender Gesamtstaat betrachtet und von ihnen auch noch gemeinschaftlich durch den Kontrollrat verwaltet worden ist.

c) Dafür, daß das Protokoll von 1954 nur für die Zukunft und auch nur für die grenzüberschreitenden Auslagerungen seiner Unterzeichnerstaaten gilt, spricht im übrigen nicht nur der Zeitpunkt seines Inkrafttretens und sein Wortlaut. Auch sein Sinn und Zweck lassen keine andere Auslegung zu.

Die Konvention von 1954 ist nämlich mitsamt ihren Ausführungsbestimmungen und protokollarischen Ergänzungen ein *internationaler Vertrag*. Aus diesem Grunde können ihre Bestimmungen nur zur Lösung *internationaler* Rechtsfälle herangezogen werden. Der deutsch-deutsche Streit um den preußischen Kulturbesitz aber ist kein solcher internationaler, sondern lediglich ein *interlokaler* Rechtsstreit. Denn er reicht in die Zeit zurück, in der die vier Siegermächte Deutschland noch als fortbestehenden einheitlichen Staat betrachtet haben. Deshalb hat eine völkerrechtliche Beurteilung der Vermögensverschiebungen, die damals von den Siegermächten zwischen Ost- und West-Deutschland vorgenommen worden sind, von vornherein auszuscheiden. Diese Vermögensverschiebungen sind vielmehr ebenso zu würdigen wie die Besitzstandsverlagerungen, welche die Gliedstaaten eines Bundesstaates untereinander vorzunehmen pflegen. Deshalb lassen sie sich nicht durch multilaterale völkerrechtliche Verträge regeln. Ihre Regelung bleibt ausschließlich dem nationalen Recht vorbehalten. Schweigt dieses, so kommt zwar eine analoge Anwendung des Völkerrechts durchaus in Betracht. Wegen der grundlegenden Unterschiede, die das internationale vom interlokalen Recht trennen, müssen solche Anleihen beim Völkerrecht aber den Fällen vorbehalten bleiben, in denen die interlokalen Beziehungen zwischen unselbständigen Gebietsteilen den internationalen Beziehungen zwischen souveränen Staaten in jeder Hinsicht gleichen. Gerade daran aber fehlt es bei der staatsinternen Sicherstellung von Kulturgut.

Es hat zwar seinen guten Sinn, Staaten, die Kulturgut eines anderen Staates zur vorübergehenden Sicherstellung vor Kriegsgefahren übernommen haben, zur Rückgabe an das Herkunftsgebiet zu verpflichten. Länder, die wie Preußen Museumsinventar innerhalb ihres eigenen und des Gebietes des Bundesstaates in Sicherheit bringen, dem sie angehören, würden indessen mit einer solchen Rückgabepflicht um die Dispositionsfreiheit über ihr rechtmäßiges Eigentum gebracht. Weder sie selbst noch diejenigen Instanzen, die befugt sind, für sie zu handeln, können daher durch das internationale Recht daran gehindert werden, ihre Kunstschätze von einem Ort innerhalb ihres Gebiets mit Wirkung für die Dauer an einen anderen Ort zu verbringen. Wollte man auch diesen internen Vorgang über den Leisten der Ziffer II/5 des Protokolls von 1954 schlagen, so würde das die Verfügungsgewalt der Staaten über ihr Kulturgut nicht nur beschränken, sondern völlig aufheben.

Daher ist nicht daran vorbei zu kommen, daß die Rechtslage des ehemals preußischen Kulturbesitzes nicht in einem multilateralen völkerrechtlichen Vertrag geregelt werden konnte. Für ihre Regelung war zunächst allein Preußen zuständig. Später ist der Alliierte Kontrollrat an Preußens Stelle getreten. An die Vorschriften des Kontrollrats über die Rechtsnachfolge in das preußische Vermögen sind die beiden deutschen Teilstaaten gebunden. Allein auf diese Vorschriften kommt es an. Die Konvention und das Protokoll von 1954 dagegen sind nicht einschlägig. Auf sie könnte sich die DDR nur berufen, wenn ihre eigenen Behörden den ehemals preußischen Kulturbesitz in der Bundesrepublik sichergestellt hätten. Wäre dem so, dann würde die Bundesrepublik sicher nicht zögern, die umstrittenen ehemals preußischen Kunstschätze wieder an die DDR zurückzugeben. Aber so liegen die Dinge nicht. Deshalb besteht zu einer solchen Rückgabe auch kein Anlaß.

d) Das gilt nicht zuletzt auch deshalb, weil sich die Bundesrepublik und die DDR in dem bereits erwähnten Protokollvermerk zum Grundvertrag von 1972[14] gegenseitig bestätigt haben, daß sie ihre „unterschiedlichen Rechtspositionen zu Vermögensfragen" nicht *bilateral* zu regeln vermochten. Das konnte die DDR nicht einfach ein Jahr später *unilateral* durch ihre Ratifikation des Protokolls von 1954 wieder beiseite schieben. Denn die vertragliche Vereinbarung, alle umstrittenen Vermögensfragen bis zu einer im beiderseitigen Einvernehmen auszuhandelnden Einigung auf sich beruhen zu lassen, besitzt gegenüber dem von der DDR erst nachträglich unterzeichneten Protokoll von 1954 den Vorrang.

e) Aber selbst wenn das Protokoll von 1954 entgegen seinem Wortlaut, Sinn und Zweck und entgegen der im Zusammenhang mit dem Grundvertrag vereinbarten dilatorischen Behandlung der noch offenen Vermögensfragen auf den preußischen Kulturbesitz anzuwenden wäre, so könnte es die Rückgabeansprüche der DDR dennoch nicht begründen. Denn es bleibt noch offen, wie der Begriff des *„Herkunftsgebiets"* zu verstehen ist, mit dem es den Adressaten des eigentumsunabhängigen Herausgabeanspruchs seiner Ziffer II/5 näher umschrieben hat. Damit ist sicher nicht exakt die Stelle gemeint, an der das ausgelagerte Kulturgut vor seiner Sicherstellung aufbewahrt worden ist. Wollte das Protokoll den Begriff des „Herkunftsgebiets" derart eng verstanden wissen, so würde es seine Unterzeichner bei der Verwaltung ihrer Kunstsammlungen weit über Gebühr behindern und ihnen jede Umstellung oder Verlegung ihrer Museen unmöglich machen. Deshalb liegt auf der Hand, daß mit dem „Herkunftsgebiet" nicht etwa der Stadtteil, die Straße, das Gebäude oder gar die Vitrine gemeint sein kann, in der die betreffenden Kunstwerke ausgestellt waren, ehe sie in Sicherheit gebracht worden sind. Es genügt vielmehr, wenn sie in ihre alte Heimatstadt zurückkehren und dort der Bevölkerung wieder ebenso frei zugänglich gemacht werden, wie dies vor ihrer Auslagerung der Fall war.

---

[14] S. o. S. 12 mit Fn. 10.

Dem aber haben die Bundesrepublik und die Stiftung „Preußischer Kulturbesitz" Rechnung getragen. Denn das Gesetz über die Errichtung der Stiftung hat dieser nicht nur Berlin als Sitz zugewiesen, sondern sie darüber hinaus in seinem § 3 Abs. 3 auch verpflichtet,

> „die auf sie übergegangenen, aus kriegsbedingten Gründen aus Berlin verlagerten Kulturgüter alsbald zurückzuführen".

Diese Pflicht hat die Stiftung in der Zwischenzeit getreulich erfüllt. Sie hat unter großem Aufwand und mit viel Sorgfalt alles nach Berlin zurückgebracht, was ihr der Bundesgesetzgeber von den ehemals in Berlin aufbewahrten Kulturgütern als Eigentum zugewiesen hat. Es befinden sich also alle aus Berlin sichergestellten preußischen Kulturgüter wieder in ihrem alten Herkunftsgebiet. Sie sind dort auch wieder für jedermann ebenso wie früher ihrer alten Zweckbestimmung als frei zugängliches Museumsgut und frei benutzbares Bibliotheksinventar zugeführt worden.

Daß die Bewohner Ostberlins die Westberliner Museen und Bibliotheken seit dem 13. August 1961 nicht mehr frei besuchen oder benutzen dürfen, vermag daran nichts zu ändern. Denn dafür sind weder die Alliierten noch die Westberliner Behörden verantwortlich. Sie halten die Grenzen Westberlins für jedermann offen, der sie vom Gebiet der DDR oder Ostberlins her überschreiten möchte. Ohne den Bau der Mauer und die Ausreisebeschränkungen, die die DDR ihren Bürgern auferlegt hat, gäbe es daher keinen Zweifel, daß die Berliner Sammlungen allen Bewohnern ihres früheren Herkunftsgebiets wieder ebenso zur Verfügung stehen wie vor dem Zweiten Weltkrieg auf der Museumsinsel in Berlin-Mitte. Wie damals, so wären sie ohne die Mauer auch heute noch von jedem Punkt Berlins und seiner Umgebung aus bequem zu erreichen. Die preußischen Sammlungen sind also ihrem Herkunftsgebiet nicht etwa entzogen worden. Sie sind in Wahrheit lediglich innerhalb ihres Herkunftsgebiets in andere, jedoch nach westberliner Recht nicht minder leicht erreichbare Stadtteile verlegt worden.

Einer solchen Verlegung konnte und wollte das Protokoll von 1954 keine Hindernisse bereiten. Es verbietet allein, den Berlinern die Kunstschätze ihrer Heimatstadt vorzuenthalten. Das aber liegt der Bundesrepublik ganz fern. Sie hat Berlin zurückgegeben, was Berlin gehört. Zu mehr würde sie das Protokoll von 1954 selbst dann nicht verpflichten, wenn es auf den Streit um den preußischen Kulturbesitz anzuwenden wäre. Denn dieses Protokoll hat sich mit dem Begriff des „Herkunftsgebiets" bewußt für ein unpolitisches Kriterium entschieden, das durch die Veränderungen der politischen Landkarte nicht berührt wird. Wenn daher Berlin bis 1945 und darüber hinaus bis 1961 in seiner Gesamtheit als das Herkunftsgebiet des preußischen Kulturbesitzes zu gelten hatte, so ist es auch nach seiner Teilung durch die Mauer weiter sein Herkunftsgebiet geblieben. Die Mauer mag die Bevölkerung Ostberlins am Besuch der Westberliner Museen hindern. Aber sie hindert nicht daran, Westberlin nach wie vor mit zum Herkunftsgebiet des Berliner Kulturbesitzes zu rechnen, gleichgültig in welchem der Berliner Bezirke es sich vor seiner kriegsbedingten Auslagerung befunden hat.

Aber dies alles nur nebenbei. Denn in Wahrheit kann das Protokoll auf den Streit um den preußischen Kulturbesitz keine Anwendung finden. Einschlägig sind allein die Bestimmungen des Alliierten Kontrollrats und der Militärregierungen aus der Zeit vor der Spaltung Deutschlands.

III.

1. Der Kontrollrat hat das 1945 bereits de facto untergegangene Land Preußen durch sein Gesetz Nr. 46 vom 15. Februar 1947[15] auch de iure aufgelöst. Dieses Gesetz bestimmt in seinem Art. III:

> „Staats- und Verwaltungsfunktionen *sowie Vermögen* und Verbindlichkeiten des früheren Staates Preußen sollen auf die beteiligten Länder übertragen werden, vorbehaltlich etwaiger Abkommen, die sich als notwendig herausstellen sollten, und von der Alliierten Kontrollbehörde getroffen werden."

Nimmt man diese Vorschrift genau beim Wort, so hat sie das preußische Vermögen den „beteiligten" deutschen Ländern nicht zugewiesen, sondern lediglich pro futuro festgelegt, daß es ihnen zu gegebener Zeit *übertragen werden soll*. Diese Übertragung wollte der Kontrollrat aber nur dann durch zusätzliche,

---

[15] Amtsblatt des Kontrollrats in Deutschland 1947, S. 81.

besondere Abkommen geregelt wissen, wenn sie sich „als notwendig herausstellen sollten". Die Möglichkeit, auch ohne eine solche nachträgliche Ergänzung durch weitere Vereinbarungen auszukommen, hat er indessen nicht ausgeschlossen. Das verleiht dem Übernahmerecht der „beteiligten Länder" eine gewisse Sicherheit. Auch wenn diesen Ländern das Eigentum am preußischen Vermögen nicht mit sofortiger Wirkung zugesprochen wurde, so hat ihnen das Gesetz Nr. 46 die Anwartschaft auf seine Übertragung auch nicht ausdrücklich abgesprochen.

Bei dieser Sachlage kommt es entscheidend darauf an, welche Länder sich in Bezug auf die einzelnen Vermögensobjekte Preußens als „beteiligt" betrachten dürfen. Das ist, was das unbewegliche Vermögen anbelangt, leicht zu klären. An ihm können allein die Länder beteiligt sein, in deren Gebiet es liegt. Beim beweglichen Vermögen indessen wirkt die Klausel von den „beteiligten Ländern" doppeldeutig. Denn es kommen zwei Alternativen in Betracht:

a) Die DDR kann die Beteiligung ihrer 1947 noch bestehenden Länder damit zurechtkonstruieren, daß sich die preußischen Kulturgüter vor ihrer Auslagerung in deren Gebiet befunden haben. Das kann sie zusätzlich noch damit untermauern, daß die umstrittenen Kunstwerke aus den Beständen der Museen auf der Museumsinsel im heutigen Ost-Berlin und im übrigen Hoheitsgebiet der DDR nicht etwa ausgeschieden, sondern lediglich unversehrt über den Bombenkrieg hinweg gerettet und dann wieder an ihren alten Standort zurückgebracht werden sollten.

b) Ebensogut kann sich aber die Bundesrepublik darauf berufen, daß die preußischen Sammlungen, die die DDR für sich in Anspruch nimmt, in die Obhut ihrer Länder gefallen sind. Das spricht zumindest dafür, daß die westdeutschen Länder die de facto näher „beteiligten" Länder waren. Außerdem bekräftigt den Standpunkt der Bundesrepublik die Tatsache, daß der Kontrollrat den preußischen Kulturbesitz ihren Ländern ohne weiteres hätte entziehen können, wenn er das für notwendig gehalten hätte. Denn eigens für diesen Fall hatte sich der Kontrollrat den Abschluß weiterer Abkommen ausdrücklich vorbehalten. Wenn dieser Vorbehalt ungenutzt geblieben ist, so läßt das darauf schließen, daß es der Kontrollrat beim status quo bewenden lassen wollte. Das aber bedeutet, daß nicht nur das unbewegliche, sondern auch das gesamte bewegliche preußische Vermögen einschließlich seiner Kulturgüter auf die Länder übergegangen ist, die es bei ihrer Gründung in dem ihnen zugewiesenen Gebiet vorgefunden haben.

2. Die Klausel von den „beteiligten Ländern"[16] gibt beiden Auslegungsmöglichkeiten in gleicher Weise Raum. Es besteht jedoch kein Grund, vor ihrer Doppeldeutigkeit vorschnell zu kapitulieren. Bedenkt man nämlich, welches Ziel sich das Kontrollratsgesetz Nr. 46 gesetzt hat, so hellt sich der Nebel rasch auf, in den es sein reichlich unpräziser Text eingehüllt hat.

Dieses Gesetz wollte Fragen bereinigen, die sich stets auf's Neue stellen, wenn ein Staat aufgelöst und sein Gebiet auf mehrere Nachfolgestaaten verteilt wird. Das zwingt immer wieder zur Regelung einer breiten Fülle komplizierter Nachfolgeprobleme, für die das Völkerrecht seit Menschengedenken nach Lösungen sucht, ohne sie je gefunden zu haben[17]. Daher müssen sie fortwährend neu angepackt werden, ohne daß auf allgemein verbindliche Grundsätze zurückgegriffen werden könnte. Denn für die Rechtsnachfolge in das aktive und passive Vermögen untergegangener Staaten fehlt es an Vorschriften, die sie ebenso eindeutig regeln würden, wie dies für den Bereich des Privatrechts die gesetzlichen Bestimmungen des BGB über die Erbfolge und die Universalsukzession besorgt haben. Staaten können daher zwar sterben. Aber sie werden von ihren Nachfolgern nicht beerbt, jedenfalls nicht so einfach, wie das beim Tode natürlicher Personen möglich ist.

Aber auch wenn das Völkerrecht keine festen Lösungen anzubieten hat, so hält es dennoch eine Reihe von Lösungsalternativen zur Auswahl bereit, die entweder unverändert übernommen oder durch entsprechende Variationen der besonderen Situation des jeweiligen Sukzessions-Falles angepaßt werden

---

[16] In der englischen Fassung spricht das Gesetz Nr. 46 von „appropriate Länder", in der französischen von „Länder intéressés" und in der russischen von „sootwjétstwujuschije zjémli". Auch diese Fassungen bringen nur zum Ausdruck, daß zwischen den Ländern, denen das preußische Vermögen zugewiesen werden sollte, und den einzelnen Objekten, um die es geht, bestimmte Beziehungen bestehen mußten. Welche Qualität diese Beziehungen aber haben sollten (Belegenheit, Zugehörigkeit, Zuständigkeit etc.), erklären sie ebensowenig wie die farblose, aber sprachlich korrekte deutsche Übersetzung „beteiligte Länder".

[17] Zum Stand der Meinungen näheres bei *Menzel*, Staatensukzession, in: *Strupp-Schlochauer*, Wörterbuch des Völkerrechts, 2. Aufl. 1962, Bd. 3, S. 306 ff., 312—313.

können. Soweit sie sich auf die Rechtsnachfolge in das Sachvermögen untergegangener Staaten beziehen, hat *Max Huber* sie in seiner grundlegenden Untersuchung über die „Staatensuccession" aus dem Jahre 1898[18] auf den kleinsten gemeinsamen Nenner zweier Prinzipien gebracht, die — wie er es sagte — „nebeneinander zur Anwendung kommen", nämlich auf

1. das Liquidationsprinzip und
2. das Territorialprinzip.

Das *Liquidationsprinzip* verschafft nach *Max Hubers* Sicht der Dinge den Nachfolgestaaten gemeinschaftliches Miteigentum an dem gesamten Vermögen des untergegangenen Staates, das bestehen bleibt, bis eine Aufteilung durch Vertrag stattfindet. Wem bis zum Abschluß des Teilungsvertrags das Recht zum Besitz zusteht, hat *Max Huber* leider nicht geklärt. Aber es liegt auf der Hand, daß von seinem Standpunkt aus jeder Staat in seine Verwahrung nehmen und bis zur Auflösung der Miteigentümergemeinschaft unangefochten behalten darf, was er in dem von ihm übernommenen Gebiet antrifft. Denn grenzüberschreitende Inbesitznahmen würden das Souveränitätsprinzip verletzen, und für eventuelle Herausgabeansprüche der anderen Nachfolgestaaten und Miteigentümer fehlt vor der vertraglichen Einigung über die Teilung jede Grundlage. Für den Streit um den preußischen Kulturbesitz folgt daraus, daß die Bundesrepublik bis auf weiteres zumindest zu seinem Besitz berechtigt ist.

Das *Territorialprinzip* bewirkt demgegenüber den unmittelbaren Übergang des Eigentums des untergegangenen Staates auf diejenigen Nachfolger, die es in ihrem Gebiet vorfinden. Aber dabei bleibt offen, ob die *Belegenheit* der Sache oder ihre rechtliche *Zugehörigkeit* zu einem in einem anderen Territorium belegenen Sachbestand den Ausschlag gibt. Im Zusammenhang mit dem Streit um den preußischen Kulturbesitz kommt es darauf jedoch nicht näher an.

Um diesen Streit lösen zu können, genügt es festzuhalten, daß sich das Kontrollratsgesetz Nr. 46 zwischen dem Territorial- und dem Liquidationsprinzip entscheiden mußte. Hält man sich das vor Augen, so gewinnt der prima facie doppeldeutige Text

---

[18] S. 175 ff.; im Prinzip ebenso *Walter Schönborn*, Staatensukzessionen, 1913, S. 115—116.

seines Artikels III rasch die nötige Eindeutigkeit. Er gibt zu
erkennen, daß sich der Kontrollrat grundsätzlich für das Liquidationsprinzip entscheiden, eine genauere Aufteilung des
preußischen Vermögens aber nur für den Fall vorsehen wollte,
daß sie sich *als notwendig erweisen sollte.*

Wie die weitere Entwicklung zeigt, hat der Kontrollrat eine
solche vertragliche Liquidation letzten Endes aber nicht als notwendig, zumindest nicht als so notwendig angesehen, daß er
sich gezwungen gefühlt hätte, seine internen Konflikte zu über-
winden und sich zu einer vertraglichen Veränderung der vor-
gefundenen Besitzverhältnisse am Nachlaß Preußens durchzu-
ringen. Mit seinem Schweigen hat er daher den status quo be-
siegelt. Er hätte ihn ebensogut auch grundlegend ändern können.
Da er das aber trotz des Vorbehalts in Art. III des Gesetzes
Nr. 46 nicht getan hat, gab er den Weg für eine endgültige
Regelung durch die Besatzungsmächte in ihren jeweiligen Be-
satzungszonen frei.

Von dieser Möglichkeit hat als erste die amerikanische Militärregierung mit ihrem Gesetz Nr. 19 vom 20. April 1949[19]
Gebrauch gemacht. Dieses Gesetz sagt in seinem Art. VI:

„Das Eigentum an solchen Vermögenswerten, die Kunstwerke, Kulturgegenstände, Statuen oder Museumsstücke sind,
und die am Tage des Inkrafttretens dieses Gesetzes in der
amerikanischen Zone Deutschlands oder im amerikanischen
Sektor von Berlin gelegen sind und am 8. Mai 1945 dem
Deutschen Reich oder einem deutschen Staat (einschließlich
des Staates Preußen), Land oder einer Provinz gehört haben,
deren Territorium zum größten Teil außerhalb des ‚Gebietes' liegen, geht hiermit treuhänderisch auf das Land über,
in dem diese Vermögenswerte gelegen sind (auf die Stadt
Berlin, wenn sich die Werte im amerikanischen Sektor der
Stadt Berlin befinden), als Treuhänder für den in Artikel IV
Ziffer 4 dieses Gesetzes genannten deutschen Staat; diese
Werte sind nach Errichtung dieses deutschen Staates und auf
Anordnung der Militärregierung durch die in Artikel II dieses
Gesetzes genannten Mittelsperson an diesen Staat zu über-
tragen."

---

[19] Abgedruckt u. a. in Beilage Nr. 6 zum Gesetz- und Verordnungsblatt
für das Land Hessen Nr. 9/10 vom 17. 5. 1949, S. 31 ff.

Unter dem in Art. IV Ziff. 4 genannten „Staat" verstand das
Gesetz Nr. 19 dabei

> „einen deutschen, den Ländern übergeordneten Staat, den
> die amerikanischen, britischen und französischen Militärre-
> gierungen anerkennen werden",

mit anderen Worten also die Bundesrepublik, deren Gründung
im April 1949 bereits eine beschlossene Sache war[20]. Der Sinn
des etwas langatmigen und arg verklausulierten Art. VI ist somit klar: Er hat den in der amerikanischen Zone belegenen
preußischen Kulturbesitz zur treuhänderischen Verwaltung auf
die amerikanisch besetzten Länder übertragen, diese zugleich
aber auch verpflichtet, ihn sofort nach Gründung der Bundesrepublik an diese weiterzuübereignen. Die französische und die
britische Militärregierung haben wenig später gleichartige Bestimmungen getroffen, die sich von der des amerikanischen Gesetzes Nr. 19 nur in ihrer Formulierung unterscheiden, in der
Sache aber mit ihr exakt übereinstimmen[21].

---

[20] Der Ausdruck „*Gebiet*" bedeutet nach Art. XII des Gesetzes: „... die
Länder Bayern, Bremen, Hessen, Württemberg-Baden und den amerikanischen Sektor von Berlin. Sobald die anderen Militärregierungen Gesetzgebun-
gen erlassen haben, welche die amerikanische Militärregierung für Deutschland als diesem Gesetze ähnlich erachtet, so soll das ‚Gebiet' auch Niedersachsen, Nordrhein-Westfalen, Schleswig-Holstein, Hansestadt Hamburg,
Baden, Württemberg-Hohenzollern, Rheinland-Pfalz und den britischen und
französischen Sektor von Berlin umfassen, wie sie am 1. September 1948
bestanden haben." Als „*Mittelspersonen*" bezeichnet Art. II die Minister-
präsidenten der Länder bzw. in Bremen den Präsidenten des Senats und in
Berlin den Oberbürgermeister.
[21] Vgl. für die französische Zone die Verordnung Nr. 217 vom 3. 6. 1949
betr. Übertragung von Vermögenswerten, die im französischen Besetzungs-
gebiet und im französischen Sektor von Berlin liegen und dem ehemaligen
Reich und den ehemaligen deutschen Ländern (Länder oder Provinzen ein-
schl. des Landes Preußen) gehört haben, Journal Officiel 1949, S. 2043; ihr
Art. 9 lautet: „Die in Art. 1 dieser Verordnung genannten Vermögenswerte,
soweit sie sich aus Kunstwerken, Kulturgegenständen, Standbildern und
Museumsstücken zusammensetzen und am 8. Mai 1945 dem Reich oder einem
der ehemaligen deutschen Länder gehörten, deren Gebiet nicht in der in
Art. 8 genannten Zone liegen, wird durch das Land, *auf dessen Gebiet sie
sich befinden*, für Rechnung des in Art. 8 genannten deutschen Staates verwaltet." Dabei sind mit der Klausel von der „in Art. 8 genannten Zone"
das Bundesgebiet und mit dem „in Art. 8 genannten Staat" die Bundesrepublik gemeint.
Die entsprechende britische Verordnung Nr. 202 vom 6. 9. 1949, VOBl. für
die Britische Zone, S. 500 bestimmte in ihrem Art. VI Ziff. 3: „Solange die
zuständigen deutschen Behörden keine anderweitigen Vorschriften erlassen
haben, hat das Land Niedersachsen die Kontrolle im Namen und unter der
Weisung der Bundesregierung auszuüben über: 1. Die Kunstwerke, kulturel-

Mit diesen Vorschriften haben die westlichen Besatzungsmächte der Bundesrepublik gestattet, ihrerseits abschließend
über das Schicksal des preußischen Kulturbesitzes zu befinden.
Das ist mit Art. 135 des Grundgesetzes und mit dem auf ihm
beruhenden Gesetz über die Errichtung der Stiftung „Preußischer Kulturbesitz" dann auch geschehen. Die Entscheidung, die
der Bund dabei getroffen hat, steht somit völkerrechtlich auf
gesichertem Boden. Sie läßt für Zweifel an dem Eigentumsrecht
der Stiftung „Preußischer Kulturbesitz" an den ihr übertragenen Kunstschätzen keinen Raum.

   3. Es bleibt unerfindlich, was die DDR dazu berechtigen
könnte, die geschilderten Regelungen des Kontrollrats und der
drei westlichen Besatzungsmächte einfach zu ignorieren. Die
Thesen, die von ihren Völkerrechtlern bislang zu den Grund-
fragen der Staatennachfolge vertreten worden sind, liefern dafür jedenfalls keine Begründung. Sie stützen ganz im Gegenteil
die Rechtsauffassung der Bundesrepublik. In der 1962 im VEB
„Deutscher Zentralverlag" erschienenen und so mit einer ge-
wissen Autorität abgesegneten Dissertation von *Johannes Kirsten*[22] heißt es nämlich ganz im Einklang mit dem von *Max
Huber* entwickelten Liquidationsprinzip[23]:

> „Aus der Natur der Rechte und Pflichten (mit Vermögens-
> charakter) folgt, daß ihre Realisierung *eine Einigung zwi-
> schen den Folge- und Drittstaaten erfordert,* die durch ge-
> meinsame Verhandlungen aller jeweils interessierten Staaten
> am ehesten erzielt werden dürfte."[24]

Bis es zu einer solchen Einigung kommt, darf aber auch *Kirsten* zufolge „jeder Staat nach eigenem Ermessen handeln". Das
gebiete das *„allgemeine Souveränitätsprinzip".*

Expressis verbis will *Kirsten* das freilich nur für die Schulden
untergegangener Staaten gelten lassen. Über die Rechtsnachfolge in ihr Sachvermögen dagegen äußert er sich nicht ganz so
klar. Hier interessieren ihn nur die Objekte, die es in dritte Staa-

---

len Gegenstände und Sammlungen aus Museen und Archiven, die in Celle
und Göttingen verwahrt sind und die früher dem Reich, dem Land Preußen
oder irgendeinem anderen früheren deutschen Staat gehört haben, 2. die
Volkswagenwerke G. m. b. H.".
[22] Einige Probleme der Staatennachfolge, S. 151 ff.
[23] S. o. S. 24.
[24] Im Original ohne Hervorhebung.

ten verschlagen hat, wie z. B. die 1968 in den USA wieder auf-
getauchten drei Dürer-Gemälde, die ein unbekannter amerika-
nischer Soldat 1945 aus dem Weimarer Museum entwendet und
in seine Heimat mitgenommen hat. Um diese Gemälde streiten
sich z. Z. die Herzogin von Weimar und die DDR vor den
amerikanischen Gerichten[25]. Die Sammlungen der Stiftung
„Preußischer Kulturbesitz" dagegen sind nicht in den Besitz
Dritter gelangt und so auch keinem Eigentümer-Prätendenten-
streit ausgesetzt, den die Bundesrepublik mit der DDR vor aus-
ländischen Gerichten ausfechten müßte. Daher werden sie von
den Überlegungen nicht betroffen, die *Kirsten* im Hinblick auf
solche im Ausland anhängige Prozesse anstellt. Für sie gilt vielmehr, was *Kirsten* auch für die Schulden Preußens behauptet:
Die Bundesrepublik kann *„nach Ermessen"* entscheiden. Denn
was für das passive Vermögen Preußens recht ist, hat für sein
Aktivvermögen billig zu sein. Das Souveränitätsprinzip, auf
das sich unser Autor stützt, macht schließlich zwischen den
Schulden der Staaten und ihrem Vermögen keinen Unterschied.
Das räumt *Kirsten*[26] an anderer Stelle selbst ein. Er sagt dort:

> „Als ein unabdingbarer Bestandteil der friedlichen Koexi-
> stenz muß dieses (das Souveränitäts-) Prinzip in der Weise
> verwirklicht werden, daß der Frieden, die friedliche Zusam-
> menarbeit der Staaten nicht untergraben, sondern gefestigt
> und gefördert wird, und diese Bedingung erfüllt eben be-
> kanntlich *nur der ipso-iure-Erwerb*."

Das Deutsch, in das dieser Satz gekleidet ist, könnte einige
stilistische Verbesserungen vertragen. Ansonsten aber habe ich
ihm außer einem uneingeschränkten „Einverstanden" nichts hin-
zuzufügen.

IV.

Es fehlt somit allenthalben an Argumenten, die den Ostberli-
ner Herausgabeanspruch rechtfertigen könnten. Die Haager

---

[25] Vgl. die Urteile des District Court E. D. New York vom 25. 6. 1970,
358 F. Supp. 747 1972 und des U. S. Court of Appeals, 2nd Circuit vom
25. 4. 1973, 478 F. 2nd 231 1973 in der Sache Federal Republic of Germany
versus Edward I. Elicofon. Beide Urteile haben die Nebenintervention der
DDR und der Kunstsammlungen Weimar als unzulässig zurückgewiesen.
Die Bundesrepublik ist inzwischen aus dem Verfahren ausgeschieden. Die
Herzogin von Weimar dagegen verfolgt ihren Anspruch weiter.
[26] A. a. O. (Fn. 22), S. 156.

Konvention zum Schutz von Kulturgut bei bewaffneten Konflikten, auf die sich die DDR vor allem beruft, gibt für ihren Rechtsstandpunkt nichts her. Die Gesetzgebung des Kontrollrats und der drei westlichen Militärregierungen widerlegen ihn sogar. Auch die eigene einschlägige Literatur der DDR, ansonsten um die Unterstützung der offiziellen Rechtsauffassung ihres Staates immer sehr bemüht und auch keineswegs übertrieben unparteiisch, erweist sich in diesem Falle als wenig ergiebig. Unter diesen Umständen bleibt als letzter Ausweg nur übrig, sich von der Staatspraxis in ähnlich gelagerten Fällen darüber belehren zu lassen, wie sie die Eigentumsfrage bei Kulturgütern untergegangener Staaten gelöst hat, deren Hinterlassenschaften von mehr als nur einem einzigen Nachfolgestaat übernommen worden sind. Solche Präzedenzfälle haben sich nicht allzu häufig ereignet. Aber es gibt sie. Der illustreste und illustrativste verdient es, abschließend wenigstens kurz gestreift zu werden. Er betrifft die Kleinodien und Insignien des Heiligen Römischen Reichs Deutscher Nation, allem voran die Kaiserkrone Karls des Großen, die seit mehr als 150 Jahren in der Schatzkammer der Wiener Hofburg liegen und auf genau die gleiche Weise dorthin gekommen sind wie Nofretete nach Charlottenburg[27]. Ihre Behandlung durch die österreichischen und die deutschen Behörden zeigt, daß der Vindikationsanspruch des Herkunftsgebietes, auf den sich die DDR beruft, nicht etwa einem althergebrachten Grundsatz des Völkerrechts entspricht, der auch ohne und unabhängig von seiner vertraglichen Fixierung in dem Protokoll von 1954 gelten würde. Dieser Anspruch ist vielmehr 1954 neu geschaffen worden. Vor dem Inkrafttreten des Protokolls hat ihn die Staatenpraxis nicht anerkannt, so daß er nur aus Ziff. II/5 dieses Protokolls hergeleitet und erst von seinem Inkrafttreten an erhoben werden kann.

1. Bis 1792 befanden sich die Reichsinsignien und -kleinodien teils in der Obhut der freien Reichsstadt Nürnberg, teils

---

[27] Bei den Bemühungen, das Schicksal der Reichskleinodien zu verfolgen, hat mich die Gesellschaft der Freunde der Universität Mannheim unterstützt, die mir eine Reise nach Wien zum Aktenstudium im Haus-, Hof- und Staatsarchiv ermöglicht hat. Dafür sei ihr an dieser Stelle gedankt. Ferner schulde ich Herrn *Albert Bühler*, Karlsruhe, Frau *Dr. Christiane Thomas*, Herrn *Dr. M. Leithe-Jasper* und Herrn *Dr. G. J. Kugler* in Wien sowie meinem Kollegen *Prof. Dr. F. Trautz* in Mannheim Dank für fachkundigen Rat und freundliche Hilfe.

im Besitz des Domstifts zu Aachen. Von dort wurden sie zu den Kaiserkrönungen nach Frankfurt gebracht. Nach den Krönungen kehrten sie stets wieder nach Aachen und Nürnberg zurück. Das Aachener Domstift besaß die von ihm verwahrten Kleinodien[28], wie allgemein angenommen wird[29], zu Eigentum; es lieh sie zu den Krönungen nur aus. Nürnberg dagegen hat die Reichsinsignien lediglich verwahrt, ohne je ihr Eigentümer gewesen zu sein. Die Nürnberger Stücke[30] gehörten dem Reich. Wie das Eigentumsrecht des Reichs an seinen Krönungsinsignien juristisch zu erklären ist, kann dabei auf sich beruhen. Denn eines ist sicher: Der Stadt Nürnberg stand es ebensowenig zu wie dem Hause Habsburg. Die Insignien gehörten in jedem Falle dem Reich in seiner Gesamtheit, gleichgültig ob es als juristische Person selbst Eigentumsrechte erwerben und ausüben konnte, oder ob es sich in seiner Eigentümerstellung durch die Reichsstände, das Kurfürstenkollegium, den Reichserzmarschall oder den jeweiligen Kaiser repräsentieren lassen mußte.

Das Heilige Römische Reich Deutscher Nation ist am 6. August 1806 mit der Niederlegung der Kaiserkrone durch Franz II. ebenso untergegangen wie das Land Preußen am 8. Mai 1945 mit seiner endgültigen Auflösung durch die alliierten Siegermächte. Um die Krone „niederlegen" zu können, hätte Franz II. sie nicht eigens nach Wien holen müssen. Was gemeinhin als „Niederlegung" der Krone bezeichnet wird, war nämlich in Wahrheit nur ein Verzicht auf die mit ihr verbundene Kaiserwürde, den Franz II. mit einer schriftlich im ganzen Reich bekanntgegebenen Erklärung[31] vollzogen hat. Ein Staatsakt, bei dem die Krönungsinsignien ein letztes Mal feierlich gezeigt worden wären, fand nicht statt. Daß sie gleichwohl nach Wien gebracht worden waren, lag allein daran, daß 1792 französische Truppen unter der Führung des Generals *Jourdan* auf Aachen und Nürnberg zumarschierten. Um den Reichsschatz

---

[28] Das Reichsevangeliar, die Stephansburse und den sog. Säbel Karls des Großen.

[29] Vgl. dazu *Ramjoué*, Die Eigentumsverhältnisse an den drei Aachener Reichskleinodien, 1968, S. 25 ff.

[30] Hier handelt es sich neben der Reichskrone um den Krönungsornat, den Reichsapfel, das Zepter, das Reichs- und Mauritiusschwert, das Reichskreuz, die hl. Lanze und eine Reihe von Reliquien. Wegen des fehlenden Eigentums Nürnbergs vgl. *Ramjoué*, a. a. O., S. 26 ff.

[31] Ihr Text ist u. a. abgedruckt bei *E. R. Huber*, Dokumente zur Deutschen Verfassungsgeschichte, Bd. 1, 1961, S. 35 f.

vor ihnen in Sicherheit zu bringen, haben ihn das Aachener
Domkapitel und der Nürnberger Magistrat auf eine lange Reise
geschickt. Sie führte über Paderborn und Regensburg letzend-
lich nach Wien. Dort hat sie der kaiserliche Schatzmeister *Leo-
pold von Wolfskron* am 29. Oktober 1800 gegen Quittung in
Empfang genommen[32].
Wäre es damals nach den Regeln zugegangen, die die DDR
als allgemein verbindliche Grundsätze des Völkerrechts ausgibt,
so hätten die Reichsinsignien spätestens nach dem Friedens-
schluß von 1815 an das Aachener Domstift und die Stadt Nürnberg zurückgegeben werden müssen. Denn das alte Reich war
zusammengebrochen. An seine Stelle war mit dem Deutschen
Bund ein loses völkerrechtliches Bündnis souveräner deutscher
Einzelstaaten getreten. Das Aachener Domstift aber bestand
trotz der Säkularisation des Bistums Aachen als Eigentümer
seiner Kleinodien fort. Nürnberg dagegen hatte seine Selbstän-
digkeit als freie Reichsstadt eingebüßt. Es war dem Königreich
Bayern zugeschlagen worden. Aber auch das hat nichts daran
geändert, daß es das Herkunftsgebiet der bis 1792 von ihm
verwahrten Reichsinsignien geblieben ist. Dessen waren sich
Aachen und Nürnberg auch wohl bewußt. Denn sie haben von
1803 an bis in die Gegenwart hinein immer wieder in Wien
Rückgabeansprüche angemeldet[33]. Noch 1804 war dem Nürnberger Magistrat von einem hohen österreichischen Beamten,
dem Reichsfreiherrn *Clemens Wenzel von Hügel*, auch mit Be-
stimmtheit zugesagt worden, daß der Reichsschatz in seine
Mauern heimkehren werde, sobald die Umstände das zu-
ließen[34].
Zwei Jahre später aber scheint bei *Hügel* ein bemerkenswer-
ter Sinneswandel eingetreten zu sein. Denn am 1. August 1806
riet er dem Kaiser in einer „Punctation der agendorum" bei
dem Verzicht auf die Kaiserwürde die Frage nach dem weiteren

[32] Über die Einzelheiten berichtet ausführlich *Albert Bühler*, Die Flüch-
tung der Nürnberger Reichskleinodien im Jahre 1796 und ihre Reklamie-
rungen nach deutschen Quellen, in: Mitteilungen des Vereins für Geschichte
der Stadt Nürnberg, Bd. 46 (1955), S. 481 ff.
[33] Vgl. dazu *Bühler*, a. a. O., S. 494 f., der die verschiedenen Nürnberger
Reklamationen zusammengestellt und mit präzisen Quellennachweisen belegt
hat. Auch das Aachener Domkapitel hat immer wieder reklamiert; über
seine Rückgabeforderungen näheres bei *Ramjoué*, a. a. O., S. 102 f.
[34] So *Bühler*, a. a. O., S. 494 f. und *Ramjoué*, a. a. O., S. 93.

Verbleib der Krone und aller übrigen Reichsinsignien uner-
wähnt zu lassen, um

„auf Beybehaltung dieser wichtigen und kostbaren Alter-
tümer zum ewigen Andenken die Absicht zu richten, und abzuwarten, ob eine Anforderung von irgendeiner Seite eintreten werde"[35].

Auch *Friedrich Lothar Stadion*, ein Bruder des damaligen
Außenministers *Johann Philipp Stadion*, war vom Kaiser zu
einer gutachtlichen Stellungnahme über die Niederlegung der
Kaiserkrone aufgefordert worden. Seine „Bemerkungen über
den Antrag Napoleons zur Niederlegung der Römischen Kaiserkrone, und Anerkennung Rheinischen Confoederation" vom
31. Juli 1806[36] holen weiter aus als das Gutachten *Hügels*,
kommen aber zum gleichen Ergebnis. *Stadion* sagt:

„Wie soll es aber mit der reellen körperlichen Krone und
den Insignien gehalten werden? Sollen sie als Antiquitäten
hierzubehalten verlangt, sollen sie nach Rom ihrer Benennung
halber versendet oder sollen sie dem Erzmarschall überliefert,
oder sollen alle diese Fragen mit Vorsatz vermieden werden? Gegen Rom und Dresden[37] streitet die Gefahr, daß sie
seiner Zeit hervorgeholt und auf ein fremdes Haupt gesetzt

---

[35] Haus-, Hof- und Staatsarchiv Wien, Hausarchiv, Akten des Ministeriums des k. u. k. Hauses. Titel und Wappen Kart. 3; auszugsweise auch
wiedergegeben bei *Ramjoué*, a. a. O., S. 94. Zuvor war *Hügel* schon am
17. 5. 1806 in einem „Gutachten über die Frage: Ob das österreichische
Kaiserhaus nach eingetretenen Folgen des Preßburger Friedens die römisch-
deutsche Kaiserkrone noch forttragen solle?" (abgedr. bei *Kurt von Raumer*,
Hügels Gutachten zur Frage der Niederlegung der deutschen Kaiserkrone,
in: Festschrift für *Karl Alexander von Müller*, 1964, S. 390 f., 399) auf das
künftige Schicksal der Reichsinsignien eingegangen. Dort sagte er unter
Ziff. 17 noch „Über die Modalitäten der Abgabe der Kaiserkrone wird erst
dann das Nötige zu berühren sein, wenn die quaestio: an, vordersamst entschieden sein wird... Auch werden eigne Rücksichten wegen des hiesigen
Gebäudes der Geheimen Reichshofkanzlei und wegen der Rückgabe der
kaiserlichen Krönungsinsignien eintreten müssen, welche die Reichsstadt
Nürnberg mir im Jahre 1796 zur gesicherten Aufbewahrung nach Regensburg zugesendet hat und die von mir im Jahr 1800 an das Allerhöchste
Hoflager gebracht und in den kaiserlichen Schatz abgeliefert worden sind.
Diese und ähnliche Gegenstände erfordern alsdann besondere Vorträge, zu
denen ich die nötigen Notizen zu sammeln fortfahren werde."
[36] Sie befinden sich im Original wie die Gutachten *Hügels* im HHStA
Wien bei den Akten des Ministeriums des k. u. k. Hauses an dem in Fn. 35
angegebenen Platz. Ein Auszug ist abgedruckt bei *Ramjoué*, a. a. O., S. 94.
[37] Den Sitz des Kurfürsten von Sachsen, des Erzmarschalls des Reichs.

werden können. — Letzteres dürfte also, besonders wenn die
Römisch-Kaiserliche Krone als erloschen erklärt wird, als das
Angemessenste erscheinen, und hiermit sodann auch das Näm-
liche in Ansehung der Reichshofräthlichen, Reichshofkanzlei,
Prinzipalskommissions- und aller sonstigen Akten, der in
Römisch-Kaiserlichen Namen verhandelt worden sind, beob-
achtet werden."

Hügels und *Stadions* Rat wurde befolgt. Österreich ließ über
die Reichskleinodien und darüber, daß sie nach Wien gelangt
waren, neun Jahre lang nichts verlauten. Es geht zwar die Behauptung um, auf dem Wiener Kongreß sei auch über den
Reichsschatz gesprochen und beschlossen worden, ihn Österreich
zu Eigentum zuzuweisen[38]. Aber das ist eine Legende. In den
Kongreßakten findet sich dafür kein Beleg[39]. Erst 1818 brach
Österreich sein Schweigen. Bis es sich dazu durchrang, 1827 die
Reichsinsignien und -kleinodien in Wien öffentlich auszustel-
len[40], vergingen weitere neun Jahre. Nürnberg aber hatte den
Reichsschatz nicht vergessen. Da es seine Unabhängigkeit verloren hatte, konnte sein Magistrat nicht mehr selbst in Wien
remonstrieren. Deshalb versuchte er von 1821 an mehrfach, das
bayerische Außenministerium für einen Vorstoß bei der österreichischen Regierung zu gewinnen. Das Ministerium zeigte sich
jedoch desinteressiert[41].

Das verwundert. Denn Bayern kämpfte in jenen Jahren mit
großer Energie um die Rückgabe aller seiner Kunstschätze, die
von den napoleonischen Truppen aus seinem Gebiet geraubt
worden waren[42]. Auch das Aachener Domkapitel hatte mit
seinem Bemühen keinen Erfolg, die preußische Regierung zu
einer Reklamation zu bewegen, obwohl auch Preußen um seine

---

[38] So *Fillitz*, Die Insignien und Kleinodien des Heiligen Römischen
Reiches, 1954, S. 46.
[39] Vgl. dazu *Ramjoué*, a. a. O., S. 97.
[40] Vgl. *Weixlgärtner*, Geschichte im Widerschein der Reichskleinodien,
1938, S. 81 und *Fillitz*, a. a. O. (Fn. 38), S. 46.
[41] Über die verschiedenen Bemühungen Nürnbergs, die bayerische Lan-
desregierung zu Reklamationen in Wien zu bewegen, näheres bei *Bühler*,
a. a. O. (Fn. 32), S. 497 f.
[42] Über die Heimholung der von Napoleon geraubten Kunstgegenstände
näheres bei *Engstler*, Die territoriale Bindung von Kulturgütern im Rahmen
des Völkerrechts, 1964, S. 91 ff. und speziell über die bayerischen Reklamationen, S. 98 f.

eigenen Kulturgüter ebenso hartnäckig zu kämpfen verstand
wie Bayern[43]. Beide Staaten forderten aber nur zurück, was
ihnen selbst abhanden gekommen war. Das Eigentum des untergegangenen Reichs indessen sahen sie als erloschen an. Auf den
Gedanken, daß sie diejenigen Objekte, die sich vor dem Untergang des Reichs in ihrem Gebiet befunden haben, zurückfordern
könnten, kamen sie nicht.

Deshalb gaben die bayerische und die preußische Regierung
den Nürnberger und Aachener Reklamationen keine Chance.
Sie hielten Österreich vielmehr für berechtigt, den nach ihrer
Ansicht herrenlos gewordenen Reichsschatz in seinen Besitz zu
nehmen, weil er in sein Gebiet und damit unter seine Hoheits-
gewalt gelangt war. Österreich bezog den gleichen Standpunkt.
Es hat wie Preußen und Bayern ebenfalls hartnäckig mit Frank-
reich um seine von Napoleon geraubten Kunstschätze ge-
kämpft[44]. Aber es ist ihm nicht eingefallen, daß zwischen dem
Kulturgut, das rechtswidrig aus seinem Territorium entfernt
worden ist, und dem rechtmäßig vom Reich in Wien sichergestellten Reichsschatz eine Parallele bestehen könnte. Zwischen
ihrem Eigentum an den nach Paris verschleppten Kunstschätzen
und der Rechtsnachfolge in das Eigentum des Reichs an seinen
Krönungsinsignien sahen vielmehr alle Beteiligten einen gewich-
tigen Unterschied. Ihr Eigentum haben sie zurückgefordert. Mit
dem Eigentum des untergegangenen Reiches indessen verfuhren
sie genau ebenso wie 130 Jahre später der Alliierte Kontrollrat
und die drei westlichen Besatzungsmächte mit dem Kulturbesitz
des untergegangenen Landes Preußen.

2. Österreich betrachtet sich seither als zum Besitz berechtig-
ter treuhänderischer Verwahrer des Reichsschatzes[45]. Mit dieser
Auffassung geriet die österreichische Regierung erst 1848 in eine
gewisse Bedrängnis, als die Frankfurter Nationalversammlung
daranging, das Deutsche Reich wieder zu neuem Leben zu erwecken. Die Wiener Delegierten wollten nämlich die Kaiserkrone schon zur konstituierenden Sitzung des Vorparlaments
nach Frankfurt mitnehmen. Deshalb ersuchten sie das Wiener

---

[43] Vgl. *Engstler*, a. a. O., S. 93 ff.
[44] Vgl. *Engstler*, a. a. O., S. 99 ff.
[45] Im Inventar der Schatzkammer wird er nach wie vor gesondert und
von den österreichischen Insignien und Kleinodien getrennt geführt.

Außenministerium am 4. April 1848 einstimmig[46], ihnen die „Kleinodien des Deutschen Reiches ausfolgen zu lassen, damit wir dieselben unverzüglich nach Frankfurt am Main überbringen, um sie zur Verfügung des deutschen Volkes zu stellen".

Dieses Ansinnen kam dem Wiener Hof natürlich höchst ungelegen. Aber es ließ sich nicht einfach zurückweisen. Das hätte von der Bevölkerung leicht als Absage an das Frankfurter Verfassungs-Projekt aufgefaßt werden und zum Wiederaufflackern der gerade eben erst beigelegten revolutionären Unruhen führen können. Das zwang den Außenminister Graf *Fiquelmont* zu hinhaltendem Taktieren. Er erklärte mit kaiserlicher Billigung, Österreich sei bereit, die Kleinodien „ohne allen Verzug abzugeben, was die Abgeordneten Österreichs allenthalben erklären könnten", sofern man sich in Frankfurt dahin einigen sollte, *„daß wieder ein deutsches Oberhaupt zu wählen sei"*[47]. Eine sofortige Versendung der Reichskleinodien nach Frankfurt komme jedoch nicht in Betracht, weil dies den Eindruck erwecken müsse, Österreich wolle vorschnell auf die Kaiserwürde des neuen Reiches zugreifen, noch ehe die Nationalversammlung sich darüber schlüssig geworden sei, wer seine Krone tragen solle.

Daher blieb die Kaiserkrone in Wien. Sie wäre aber ohne Zweifel dem König von Preußen übergeben worden, wenn dieser bereit gewesen wäre, sie anzunehmen. Seine Sorge, mit einem

---

[46] Freilich mit unterschiedlichen Motiven. Die bürgerlich-liberale Mehrheit der Delegierten wollte „eine Demonstration zugunsten des deutschen Kaiserrechts Österreichs machen". Das Interesse der radikalen Minderheit an der Reichskrone indessen wurde dadurch beflügelt, daß sie es „wahrhaft köstlich" fand, „daß jene Kleinodien, die sonst profanen Volksaugen nur auf zehn Schritt Entfernung gezeigt wurden, nun von einer improvisierten Volksdeputation gleichsam entführt und einem revolutionären Volksparlament überantwortet werden sollten" (so der Bericht von *Franz Schuselka*, Das Revolutionsjahr März 1848 bis März 1849, Wien 1850, S. 72 f., der als Wiener Student von seiner Universität zum Mitglied der Delegation gewählt worden war). Näheres über die Vorgänge von 1848 auch bei *Otto Brunner*, Die Wiener Abgeordneten zum Frankfurter Vorparlament des Jahres 1848 und die deutschen Reichskleinodien, in: Nachrichtenblatt des Vereins für Geschichte der Stadt Wien, 56. Jg., 1939, S. 17 f. und *Ramjoué*, a. a. O. (Fn. 29), S. 114 f.

[47] Zitiert nach der Wiedergabe des Vortrags *Fiquelmonts* an den Kaiser bei *Otto Brunner*, a. a. O., S. 22—23.

„imaginären Reif, aus Dreck und Lettern gebacken"[48], gekrönt zu werden, war jedenfalls unbegründet. Er hätte die kostbarste, schönste und ehrwürdigste Krone erhalten, die die Kunstgeschichte kennt. Hätte er sie angenommen, so läge sie heute statt in Wien möglicherweise in einem der Museen der Stiftung „Preußischer Kulturbesitz", und die DDR hätte ein weiteres Objekt für ihre vermeintlichen Herausgabeansprüche. So aber gab das Jahr 1848 *Fiquelmont* lediglich die Gelegenheit, den österreichischen Rechtsstandpunkt aktenkundig zu machen. Denn er ging in seinem Vortrag an den Kaiser vom 5. April 1848[47] davon aus,

> „daß die erwähnten Reichskleinodien Eigenthum des gesammten Deutschen Reiches waren, welche weiland Kaiser Franz, als der letzte rechtmäßige Besitzer derselben bei dem Erlöschen des alten Reichsverbandes mit vollem Fug zurückbehalten konnte. Es ist nun allerdings möglich, daß den früheren ähnliche Verhältnisse in Deutschland wiedererstehen; bis dahin bleiben aber Eure Majestät rechtmäßiger Depositär besagter Schätze; das deutsche Volk, an welches die Ausfolgung geschehen soll, ist noch keineswegs konstituiert, und jene, welche die Ausfolgung nun bewerkstelligen wollen, haben ebensowenig ein zureichendes Mandat dazu".

Wenn überhaupt, so sei daher allenfalls eine Übergabe an die „dermalen legal noch bestehende Bundesversammlung" in Erwägung zu ziehen. Aber auch davon riet *Fiquelmont* ab. Weil der „aufgeregte Zustand Deutschlands moralische und materielle Gefahren" mit sich bringe, sei es besser abzuwarten, „bis wirklich eine neue Ordnung für das gesammte Deutschland geschaffen worden sein wird."

Da die Frankfurter Nationalversammlung scheiterte, gab erst die Reichsgründung von 1871 Anlaß, erneut darüber nachzudenken, ob die Bedingungen für die treuhänderische Verwahrung der Reichskleinodien durch Österreich entfallen seien. Aber das Reich hat wiederum keine Ansprüche auf die Krone angemeldet. Seine alten Gefühle für die Krone Karls des Großen waren erkaltet. Das brachte eine 1872 in Berlin erschienene

---

[48] So Wilhelm IV. in seinem bekannten Brief vom Dezember 1848 an den preußischen Gesandten Frh. *von Bunsen,* abgedr. bei *E. R. Huber,* a. a. O. (Fn. 31), S. 327.

Schrift aus der Feder des Historikers *Arthur Winkler*[49] zum
Ausdruck, die mit den markigen Sätzen schließt:

> „So ruhen nun die Sinnbilder der verschwundenen Reichs-
> herrlichkeit ungestört in der Schatzkammer zu Wien, dem
> denkenden Beschauer von des alten Reiches Einheit und
> Macht, von seiner Zerrissenheit und Ohnmacht erzählend...
> Das neue Reich bedarf ihrer nicht; ihm glänzen andere Sym-
> bole seiner Macht und Größe als jene, welche an die blutigen
> Krönungsschlachten in den Straßen Roms und an die Tage
> von Canossa erinnern!"

Läßt man das Pathos dieser Redensarten beiseite, so tritt in
ihnen die durchaus einleuchtende These zutage, daß Kunstschätze, die einem untergegangenen Staat gehört haben, unge-
stört dort verbleiben sollen, wo sie sich bei seinem Untergang
befunden haben. Dem alten Herkunftsgebiet dagegen stehen
auch nach dieser Sicht der Dinge keine Ansprüche zu, zumal
dann nicht, wenn es sich mit Hammer und Zirkel „neue Sym-
bole" und mit olympischen Goldmedaillen neue Zeichen seines
Weltniveaus geschaffen hat.

Auch das Ende des Ersten Weltkriegs trägt zur Aufklärung
der Rechtslage bei. Mit ihm wurde der habsburgische Vielvöl-
kerstaat auf sein österreichisches Kerngebiet zurückgedrängt.
Die von ihm abgespalteten Nachfolgestaaten forderten daher
sofort ihren Anteil an dem kulturellen Erbe der Habsburger
Monarchie. Die Tschechoslowakei verlangte die österreichischen
Insignien unter Berufung auf ihre Gebietshoheit über das
frühere Königreich Böhmen. Ungarn beanspruchte den Säbel
Karls des Großen, Rumänien die Bocskaykrone. Sogar Italien
und Belgien meldeten Restitutionsansprüche an. Belgien wollte
den Schatz des Ordens vom Goldenen Vlies wiederhaben. Italien machte sich Hoffnungen auf den Kaiserornat und die Kaiserkrone, weil der Ornat mit Sicherheit und die Krone höchst-
wahrscheinlich in sizilianischen Werkstätten hergestellt worden
sind. Aber alle diese Begehren wurden abgewiesen. Über die
Ansprüche der Tschechoslowakei und Belgiens kam es sogar zu
schiedsgerichtlichen Auseinandersetzungen. Auch sie endeten
jedoch mit Schiedssprüchen zugunsten Österreichs als des Staates,

---

[49] Die deutschen Reichskleinodien, 1872, S. 45.

in dessen Territorium die umstrittenen Gegenstände seit alters her liegen[50].

3. Das Heimfallsrecht des Herkunftsgebiets, auf das sich die DDR beruft, fand daher vor dem Protokoll zu der Haager Konvention zum Schutz von Kulturgut bei bewaffneten Konflikten[51] nirgendwo und zu keiner Zeit Anerkennung. Es konnte sich lediglich 1938 durchsetzen, als ein Machtspruch *Hitlers* die Rückgabe der Reichsinsignien und -kleinodien nach Nürnberg befahl. Aber das liefert keinen Beweis für einen allgemein verbindlichen Grundsatz des Völkerrechts. Was die Völkerrechtsordnung gebietet, zeigt allein die Heimführung der Reichsinsignien in die Wiener Schatzkammer durch die amerikanischen Besatzungsbehörden im Jahre 1946. Nürnberg wollte sich zwar mit dieser Maßnahme nicht abfinden. Es hat sich durch ein Rechtsgutachten des Erlangener Rechtshistorikers *Hans Liermann*[52] bestätigen lassen, daß ihm von 1792 her ein Rechtsanspruch auf den Besitz der Reichsinsignien zustehe, der sich nicht aus *Hitlers* Gewaltakt, dafür aber um so sicherer aus dem alten Reichsrecht herleiten lasse. Auch den Bundestag haben die Nürnberger Ansprüche 1952 kurzfristig beschäftigt, als der Vertrag über die Errichtung der Europäischen Verteidigungsgemeinschaft und das mit ihm verbundene Besatzungsstatut verabschiedet wurden. Bei dieser Gelegenheit hat der Bundestag eine Entschließung angenommen, nach der

> „die zur Zeit in Wien befindlichen Reichsinsignien und Reichskleinodien, als deren Aufbewahrungsorte Nürnberg und Aachen geschichtlich und durch kaiserliche Urkunde von 1423 festgelegt sind",

nicht unter die Vorschriften des Besatzungstatuts über die Restitution fremder Vermögenswerte an ihre rechtmäßigen Eigentümer fallen sollten[53]. Aber es blieb bei einer bloßen Ent-

---

[50] Dazu *Weixlgärtner*, a. a. O. (Fn. 40), S. 88—89.
[51] S. o. S. 14 mit Fn. 13.
[52] Unveröffentlicht. Für die Überlassung einer Kopie des Typoskripts schulde ich Herrn *Albert Bühler*, Karlsruhe, Dank.
[53] Deutscher Bundestag, 1. Wahlperiode, 242. Sitzung vom 5. 12. 1952, Stenographische Berichte, S. 11194 und 11500 sowie Drucks. 3900, S. 137. In der Begründung des Ausschusses für das Besatzungsstatut und auswärtige Angelegenheiten (a. a. O., S. 11500) heißt es dazu: „Für die Reichskleinodien und Reichsinsignien ist mit Ausnahme eines sehr kleinen Teiles, der in Aachen seine Stätte hatte, durch eine Urkunde König Sigismunds von 1423

schließung ohne gesetzliche Verbindlichkeit. Deshalb hat die
Bundesregierung den Beschluß des Bundestags auf sich beruhen
lassen. Sie ist nie an Österreich mit Rückgabeforderungen
herangetreten.

Dieser Vorgang belegt, daß die Bundesrepublik keineswegs
nur dann, wenn es ihr günstig ist, davon ausgeht, daß die
Kunstschätze eines untergegangenen Landes dort verbleiben,
wo sie sich im Zeitpunkt seines Untergangs befunden haben.
Die Bundesrepublik läßt diesen Grundsatz auch dann gegen sich
gelten, wenn er sie daran hindert, ihrerseits Ansprüche auf vormals in ihrem Gebiet belegenes Kulturgut zu erheben. Ferner
lehrt das Schicksal des Reichsschatzes, daß auch ein ungeschrie-
bener Grundsatz des Völkerrechts, der die Ansprüche der DDR
unabhängig von der Haager Konvention von 1954 stützen
könnte, nicht existiert. Was die DDR begehrt, entspricht nicht
der Staatenpraxis. Ihr entspricht allein das Verfahren, das auch
der Alliierte Kontrollrat, die westlichen Besatzungsmächte und
die Bundesrepublik bei der Regelung der Rechtsnachfolge in
den preußischen Kulturbesitz eingeschlagen haben. Ein Wandel
zeichnet sich erst seit dem Inkrafttreten der Ziff. II/5 des Protokolls zu der Haager Konvention von 1954 ab. Aber diese Vorschrift gilt, wie bereits gesagt[54], nur mit Wirkung für die Zukunft. Ihr zu unterstellen, daß sie nur deklaratorisch zusam-
menfasse, was schon immer geltendes Recht gewesen sei, wäre
unrichtig. Das genaue Gegenteil ist der Fall. Vor dem Inkraft-

---

als Aufbewahrungsort Nürnberg bestimmt worden. Die Insignien, die den
Rechtscharakter einer Stiftung tragen, wurden vom Rat der Stadt Nürnberg verwaltet. Fast 400 Jahre lang — bis 1800 — ist der kaiserliche Erlaß
eingehalten worden. Lediglich um sie vor dem Zugriff Napoleons zu bewahren, sind sie in Etappen nach Wien gebracht worden, wo sie als evakuiertes
kuiertes Gut in der Schatzkammer untergestellt worden sind. Nürnberg hat
schon zwei Jahre nach der Evakuierung seine Rechte als Aufbewahrungsort
und Sitz der Stiftung geltend gemacht und seither nie auf diese Rechte ver-
zichtet. Andererseits haben der Staat Österreich und das Haus Habsburg
nie versucht, Besitzrechte geltend zu machen. Im Dritten Reich wurden diese
Insignien aus ihrer Evakuierung zurück nach Nürnberg gebracht und nach
Kriegsende von den Alliierten, wahrscheinlich ohne jede Kenntnis der Vorgänge seit 1800, wieder an Wien ausgehändigt. Dieser letztere Vorgang
könnte fälschlich als Restitution ausgelegt werden, und damit könnte eine
freie Vereinbarung über die Reichskleinodien zwischen Deutschland und
Österreich ein für allemal unterbunden werden. Es ist deshalb ausdrücklich
festzustellen, daß die Reichskleinodien und -insignien nicht in Beziehung zu
dem Teil V des Überleitungsvertrages gebracht werden können".
[54] S. o. S. 15 ff.

treten des Protokolls hat das Völkergewohnheitsrecht die Rechtsnachfolge in das Eigentum an den Kulturgütern untergegangener Staaten stets im Sinne *Max Hubers*[55] nach dem Liquidations- und dem Territorialprinzip bewältigt.

V.

Als Ergebnis bleibt daher festzuhalten, daß die Bundesrepublik die in ihr Gebiet und nach Westberlin gelangten vormals preußischen Kunstschätze zu Recht der Stiftung „Preußischer Kulturbesitz" zur Verwahrung und Verwaltung bis zur Wiedervereinigung Deutschlands zugewiesen hat. Diese Entscheidung steht staats- und völkerrechtlich auf gesichertem Boden. Aber sie ist nicht unabänderbar. Dem Bundestag bleibt es unbenommen, das Gesetz über die Errichtung der Stiftung „Preußischer Kulturbesitz" auch vorzeitig zu ändern oder gar aufzuheben. Das setzt freilich eine vorherige vertragliche Einigung zwischen der Bundesrepublik und der DDR voraus, wie sie wohl kaum zustande kommen wird. Denn ein Rechtsanspruch, dem sich die Bundesrepublik beugen müßte, steht der DDR nicht zu, und ein freiwilliger Verzicht der Bundesrepublik auf den preußischen Kulturbesitz fordert einen politischen Preis, den die DDR schwerlich zu zahlen bereit sein wird. Er besteht in der Wiedervereinigung, wenn nicht des gesamten Deutschland, so doch der geteilten Stadt Berlin. Die Bundesrepublik wäre schlecht beraten, wenn sie sich von diesem Preis herunterhandeln ließe. Nur wenn die DDR zuverlässig garantiert, daß Nofretete und alle übrigen Kunstschätze, die sie für sich begehrt, auch in Ost-Berlin ebenso frei zugänglich bleiben, wie das in West-Berlin der Fall ist, läßt sich über ihre Herausgabe reden.

Aber das sind politische Spekulationen. Betrachtet man die Dinge rein rechtlich, so ist nicht daran zu zweifeln, daß Nofretete der Stiftung „Preußischer Kulturbesitz" gehört. Sie gehört jedoch nicht nur der Stiftung, sondern darüber hinaus allen, die sich von ihr angezogen fühlen, gleichgültig woher sie kommen. Für sie wird sie von der Stiftung „Preußischer Kulturbesitz" in Charlottenburg aufbewahrt, gepflegt und gehütet. Da sie in Charlottenburg freier und ungehinderter zugänglich ist als in Ost-Berlin, ist es gut, wenn sie in Charlottenburg bleibt.

---

[55] S. o. S. 24 mit Fn. 18.

www.ingramcontent.com/pod-product-compliance
Lightning Source LLC
Chambersburg PA
CBHW050653190326
41458CB00008B/2539